DOCUMENTS SUR LES ÉVÉNEMENTS DE 1870-71

DÉPOSITION

DE MONSIEUR JULES FERRY

SUR L'INSURRECTION

DU

DIX-HUIT MARS

PARIS

LIBRAIRIE GÉNÉRALE

DÉPOT CENTRAL DES ÉDITEURS

72, Boulevard Haussmann, et rue du Havre

VERSAILLES, CHEZ O. BERNARD

M DCCC LXXII

DOCUMENTS

SUR LES ÉVÉNEMENTS DE 1870-71

DÉPOSITION DE M. J. FERRY

SUR L'INSURRECTION DU 18 MARS

DÉPOSITION

DE MONSIEUR JULES FERRY

SUR

L'INSURRECTION DU 18 MARS

PARIS
LIBRAIRIE DES BIBLIOPHILES
RUE SAINT-HONORÉ, 338

1872

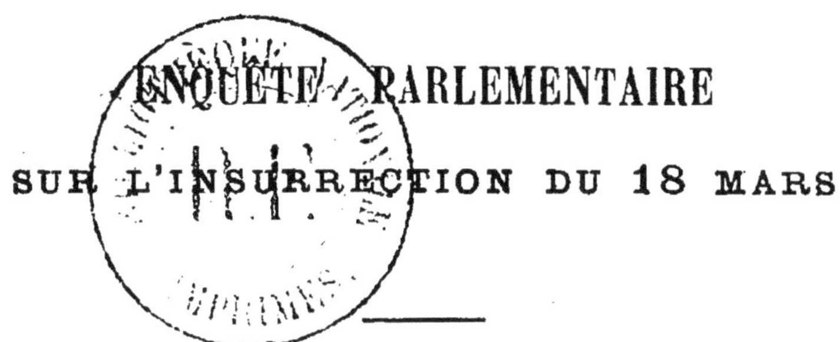

ENQUÊTE PARLEMENTAIRE

SUR L'INSURRECTION DU 18 MARS

DÉPOSITION

DE

M. JULES FERRY

M. le Président. — Monsieur Ferry, voulez-vous avoir la bonté de vous asseoir. La commission n'est pas encore complète, mais je ne voudrais pas, cependant, vous faire attendre trop longtemps.

Nous n'avons pas ici à nous occuper de ce qui s'est passé depuis le 4 septembre jusqu'au 18 mars, à moins qu'il ne s'agisse de faits se rattachant directement à l'insurrection du 18 mars. Nous vous demandons de vouloir bien concentrer vos observations sur l'objet de nos études.

Nous cherchons à préciser les faits qui se sont passés du 18 mars au 28 mai et à en apprécier le caractère; nous vous demandons de vous expliquer uniquement sur ces faits, que vous devez bien connaître, puisque vous étiez au centre de l'insurrection.

Voilà le cadre dans lequel je vous prie de vous renfermer; sans cela, vous pourriez nous dire des choses fort intéressantes, mais en dehors de l'étude à laquelle nous devons nous livrer.

M. Ferry. — Je tâcherai de me renfermer dans le programme que vient de me tracer M. le président.

J'ai le dessein de vous dire comment s'est passée la journée du 18 mars. Ce récit fait nécessairement partie de votre enquête; mais d'abord, remontant un peu plus haut, je vous montrerai comment cette crise a été amenée par une série de fatalités.

On a souvent employé ce mot en racontant l'histoire de notre époque; mais je crois qu'on a vu rarement un enchaînement de fatalités plus inéluctables que celles qui se sont produites depuis une année dans notre pays.

Vous êtes saisi de la recherche des causes de l'insurrection du 18 mars. Sur les causes générales, des considérations pleines d'élévation et d'éloquence ont déjà été présentées; des choses excellentes seront certainement dites encore. Je voudrais, moi, et je ne suis venu ici que pour cela, réagir dans une certaine mesure contre l'opinion qui me paraît très-répandue aujourd'hui, que l'insurrection du 18 mars serait le résultat d'une conspiration très-anciennement organisée, et organisée par une société, dont le nom est aujourd'hui célèbre, de l'*Internationale.*

Je suis très-loin de méconnaître l'importance de ce phénomène social qui se résume et se personnifie dans l'Association Internationale.

J'avouerai même que les derniers événements ont donné, à cet élément de trouble social, une importance qu'en d'autres temps j'aurais été porté à contester ou à réduire, mais actuellement j'y reconnais un phénomène très-grave, qui mérite toute l'attention de l'observateur et du législateur.

Je crois qu'il s'est passé, — je dis s'est passé, car le danger me paraît écarté pour longtemps, — dans notre démocratie française, une série d'événements tout à fait analogues à une certaine partie de l'histoire de l'antiquité que nous avons tous étudiée. Nous pouvons dire que nous avons eu à l'état de tentative, heureusement très-rapidement déjouée, la guerre servile après la guerre punique. Si on remonte en effet à l'histoire de ces deux guerres, servile et punique, on y aperçoit des éléments dont la ressemblance est frappante avec ceux qui ont engendré l'insurrection du 18 mars et les événements qui ont suivi. Mais je n'ai pas l'intention de m'étendre sur ce côté général de la question; je voudrais surtout préciser les circonstances d'un ordre en quelque sorte secondaire, qui ont déterminé l'explosion.

Je crois que l'on ferait fausse voie, que l'on s'abuserait étrangement et qu'on se mettrait dans l'esprit des préoccupations démesurées, si l'on attribuait uniquement aux éléments de guerre sociale qui existent dans notre civilisation moderne, les événements du 18 mars. Aussi je voudrais dire, en très-peu de mots, comment je les comprends, indiquer à la commission les causes qui, suivant moi, auraient pu être écartées, parce qu'elles tiennent à des faits purement accidentels, et dégager de la sorte vos esprits des préoccupations excessives. Je suis persuadé, en effet, que les événements du 18 mars n'ont eu la gravité redoutable qu'ils ont affectée qu'à cause des circonstances extraordinaires qui les ont précédés.

Au nombre des causes secondes, — de ce que j'appellerai les causes secondes et déterminantes de l'insurrection, — je placerai tout d'abord un certain état moral de la population parisienne, que je qualifierais volontiers ainsi : « la folie du siége »; c'est-à-dire un état d'esprit déterminé par un changement d'habitudes et de vie, radicalement contraire aux habitudes, à la vie, à la tenue habituelle de notre société moderne :

une société faite pour le travail qui s'était trouvée tout à coup, par suite d'événements extraordinaires, jetée dans la vie militaire. Cinq mois de cette existence toute nouvelle, le travail interrompu, tous les esprits tournés vers la guerre, et cette lutte de cinq mois, aboutissant à une immense déception; une population tout entière tombant du sommet des illusions les plus immenses que jamais population ait conçues, dans une réalité qu'il avait été malheureusement impossible de lui révéler à l'avance : voilà ce que j'appelle la folie du siége ; et je soutiens qu'à l'exception de ceux qui, se trouvant auprès du gouvernement, avaient, par leur situation même, une connaissance plus exacte des choses, il n'y a pas eu de Parisien qui n'ait été atteint de cette folie du siége.

Vous tous, Messieurs, vous avez dû en reconnaître les effets chez les personnes avec qui vous avez des relations habituelles; quant à moi je ne sais personne qui n'ait été plus ou moins possédé de cette démence, résultat des illusions militaires entretenues pendant cinq mois et de la colère extraordinaire qui suivit la déception finale.

Quand on est fixé sur ce premier point, on tient l'une des extrémités du fil et l'on arrive jusqu'à l'autre bout.

Le gouvernement de la Défense nationale avait maintenu l'ordre matériel depuis le 4 septembre jusqu'à la capitulation. Jusqu'à cette époque, alors même que nous étions tous, et que tous les hommes de bon sens devaient être, comme nous, profondément inquiets des effets possibles de cette capitulation, il avait été du devoir du gouvernement de ne pas dire à la population parisienne combien elle était près de la fin de cette résistance, où elle avait mis toute son âme et où elle s'est acquis tant d'honneur. A côté du gouvernement, les journaux avaient surexcité la confiance publique à un degré extraordinaire, maintenu et réchauffé les illusions. Quand nous arrivâmes au moment suprême, un grand problème se posa : comment la population parisienne supporterait-elle cette chute de l'empyrée sur la terre? La population parisienne résista à cette grande épreuve, et cela, grâce à ce sentiment de la nécessité qui est dans la vie le plus grand soutien, et qui fait qu'en présence d'un mal irréparable l'humanité courbe la tête.

La population parisienne avait beaucoup souffert matériellement. Au moment de l'armistice, la liberté de franchir les portes de la ville, le ravitaillement firent une sorte de contre-poids matériel à ses douleurs morales; il y eut une vive réaction physique qui fut salutaire et ne contribua pas peu au rétablissement de l'équilibre. Et je vous assure, Messieurs, moi qui n'ai pas quitté un instant l'Hôtel de ville depuis le 4 septembre jusqu'au 18 mars, moi qui ai assisté à tout le drame, je vous assure qu'à la fin de janvier et au commencement de février, il y avait les plus grandes chances pour que Paris revînt à l'état normal, à l'ordre, au travail.

Le ravitaillement s'était effectué avec une grande facilité, et tout le monde avait le désir de reprendre la vie au point où on l'avait laissée avant le siége.

Aussi je place sans hésiter au nombre des causes secondes, mais déterminantes, dont je parlais tout à l'heure, cette volonté, exprimée par les Prussiens et dont il fut impossible de les faire revenir, d'entrer dans Paris et d'occuper un quartier de Paris.

Je considère que c'est là, parmi les causes de l'insurrection du 18 mars, un élément d'une extraordinaire importance et qui a décidé de la violence de la crise et de la forme particulière qu'elle a revêtue. Si les Prussiens n'avaient pas fait à la population parisienne cette injure, à laquelle elle ne s'attendait pas, d'entrer chez elle, — nous aurions eu sans doute d'autres crises, — car nous ne nous sommes jamais fait d'illusions à cet égard : il était impossible que quatre cent mille hommes armés reprissent le travail, que quatre cent mille hommes qu'on nourrissait à ne rien faire quittassent la vie militaire pour la vie civile sans qu'il y eût une crise ; — mais je suis persuadé qu'elle aurait été fort différente et beaucoup moins grave.

Lorsque les Prussiens manifestèrent la pensée d'entrer dans Paris, la situation générale était extrêmement délicate pour le gouvernement. En effet, il s'était opéré, au moment où les portes de Paris furent ouvertes, un relâchement général de tous les éléments dont l'accord avait maintenu l'ordre dans Paris pendant tout le temps du siége. Nous avions réalisé un véritable problème d'équilibre, Messieurs : car il faut bien se rendre compte que le gouvernement de la Défense nationale, pendant tout le temps que Paris a été investi, n'a eu à sa disposition que des forces morales; il a été un gouvernement d'opinion ; il n'avait pas une force matérielle dont il fût sûr et qu'il pût opposer à un puissant mouvement d'opinion qui lui eût été contraire; et si, dans deux circonstances mémorables, au 31 octobre et au 22 janvier, le gouvernement triompha, c'est parce que le mouvement d'opinion s'était prononcé avec une grande intensité en sa faveur.

Le 31 octobre, l'opinion était contre le gouvernement dans la première partie de la journée; elle lui est revenue avec une force irrésistible dans la seconde. Le 22 janvier, le mouvement lui était beaucoup plus défavorable, parce que tout le monde sentait approcher la capitulation ; mais la force matérielle était venue à notre aide avec plus d'efficacité, et quelques coups de fusil suffirent pour dissiper les émeutiers peu résolus et hésitant eux-mêmes sur le plan qu'ils devaient suivre.

Mais tout cela tenait à des habitudes prises, à la constitution de certains pouvoirs; et toutes ces habitudes et tous ces pouvoirs se sont trouvés désorganisés par la capitulation.

Ainsi, la principale force du gouvernement, force matérielle et surtout force morale, c'était la garde nationale.

Mais, lorsque la capitulation fut annoncée, la garde nationale se trouva désorganisée de toutes les manières, d'abord par la démission de son commandant en chef, l'infortuné Clément Thomas; son état-major le suivit, et avec lui tous ceux qui avaient maintenu l'ordre pendant cinq mois et demi.

Non-seulement l'état-major fut désorganisé, mais aussi le commandement dans les rangs inférieurs. Les chefs de bataillon les meilleurs, les plus sûrs, ceux que nous avions trouvés auprès de nous au 22 janvier et au 31 octobre, et en même temps qu'eux beaucoup d'hommes qui s'étaient montrés les plus fermes soutiens de l'ordre, lassés de la longueur du siége, désireux d'aller retrouver en province leurs familles ou leurs affaires, s'empressèrent de quitter Paris. Il y eut une émigration générale qui désorganisa le commandement.

Pendant le siége, nous avions maintenu l'équilibre

de la garde nationale au moyen d'une institution tout à fait empirique, mais qui nous avait parfaitement réussi, celle des secteurs. La garde nationale avait été placée sous le commandement des officiers supérieurs de la marine ou de la guerre, qui étaient chargés de la défense des remparts, et ces officiers ont montré pendant ces longs mois non-seulement une grande énergie militaire, mais des aptitudes civiles dont j'ai été souvent frappé. Et nous pouvons dire que c'est à ces amiraux et généraux, commandants de secteurs, que nous avons dû en grande partie le maintien de l'ordre dans la garde nationale; ils avaient sur elle un ascendant que le gouvernement n'avait pas; ils avaient été associés à ses périls, à ses espérances; ils n'avaient pas contre eux tout ce que nos malheurs avaient fait rejaillir sur nous d'impopularité inévitable. Les chefs des secteurs étaient les maîtres de la garde nationale. Le général Caillé, par exemple, qui commandait le secteur de Belleville, avait fait des merveilles. Il n'y avait jamais eu d'émotion à Belleville, il l'avait maintenu par son autorité personnelle. Mais lorsqu'arriva la grande débandade après la capitulation, les commandants de secteurs demandèrent à se retirer.

Le commandant supérieur de l'armée, le général Vinoy, ne manifesta peut-être pas un désir assez vif de les conserver; ils partirent, les secteurs furent désorganisés. Au 18 mars on ne savait plus où étaient les secteurs; il y avait eu, pour le malheur public, non-seulement des changements de personnes, mais des changements de locaux. Je recevais à l'Hôtel de ville, à cette date même du 18 mars, des dépêches de maires ainsi conçues :

« Où est donc notre secteur? je ne sais à qui m'adresser pour obtenir un bataillon. »

En résumé, Messieurs, il est incontestable qu'au commencement de février, lorsque la première satisfaction du ravitaillement eut été un peu épuisée, Paris se trouva dans une situation très-critique par l'accumulation dans ses murs d'un aussi grand nombre d'hommes armés sans organisation, sans gouvernement, qui ne reconnaissaient plus aucune autorité.

Mais je crois encore que la force acquise et les habitudes prises auraient pu maintenir l'état des choses sans un événement qui est une des causes principales, parmi les causes secondes : l'entrée des Prussiens.

Et je vais vous montrer que l'entrée des Prussiens a déterminé la crise. Jusqu'au moment où il en avait été question, la garde nationale n'avait pas mis la main sur un canon. Les premiers canons ont été enlevés sur la nouvelle de l'approche des Prussiens, et ils ont été enlevés, ceux-là, Messieurs, croyez-le bien, par des citoyens fort attachés à l'ordre, par des gardes nationaux de Passy et d'Auteuil, et enlevés où? au Ranelagh, où malheureusement il y avait des batteries oubliées.

Eh bien! dans cette population mise hors d'elle-même, qui acceptait si difficilement que Paris pût être vaincu, qui était si disposée à mettre tous ses désastres sur le compte de la trahison, la pensée que cette entrée des Prussiens était encore une nouvelle trahison gagna beaucoup d'esprits. Ces choses se disaient et elles trouvaient créance auprès de ceux qui croient tout ce qui se dit. C'est ainsi qu'on arriva successivement à mettre la main sur tous les canons, et l'insurrection se trouva posséder des canons, uniquement parce que les Prussiens étaient entrés dans Paris: si bien que vous ne pouvez pas, Messieurs, tout en tenant le compte que la raison indique des causes générales de l'insurrection, perdre de vue que ce fait, qui lui a donné un caractère si formidable, est encore l'œuvre de nos ennemis. Je suis convaincu, quant à moi, que les choses auraient tourné tout autrement si les Prussiens n'étaient pas venus parader dans nos murs. Je suis persuadé que, si des accidents étaient inévitables, ils auraient eu un autre caractère et une bien moindre intensité.

C'est encore à ce moment que se rattache et se détermine le courant qui a aggloméré les divers éléments de l'insurrection. C'est là que vous pouvez les saisir sur le vif.

Le Comité central de la garde nationale, qui a joué un si grand rôle dans cette affaire, existait déjà assurément. Il y avait depuis longtemps dans la garde nationale un foyer de conspiration contre les chefs élus : c'était le corps des délégués des compagnies, chargés de les représenter pour l'élection des officiers. Dès le mois de janvier, le gouvernement de la Défense nationale, ému de ce mouvement intérieur de la garde nationale, avait fait paraître dans le *Journal officiel*, où je pourrais la retrouver, une note dans laquelle il rappelait aux délégués de la garde nationale qu'ils n'en étaient pas les véritables chefs, et que les seuls chefs étaient les chefs élus.

Qu'étaient-ce que ces délégués? C'était une institution de 1851. Pour nommer les chefs de bataillon, on réunissait les officiers et un certain nombre de délégués par compagnie. Ces délégués s'étaient imaginé qu'ils étaient la représentation permanente et le véritable commandement. Des réunions se tinrent, des brochures furent publiées, où tous ces pouvoirs étaient affirmés. C'est à l'occasion de ces brochures et de ces réunions que le gouvernement rappela aux délégués qu'ils devaient se dissoudre immédiatement après les élections des compagnies.

De la réunion et du concert des délégués sortit le

comité central de la garde nationale. Mais le comité ne prit l'initiative et la force directrice qu'à la faveur de l'entrée des Prussiens. Le comité se montra pour la première fois à la fin de février, une certaine nuit où le bruit se répandit que les Prussiens allaient entrer le lendemain. Alors tout Paris retentit du bruit des tambours et des clairons, et une partie des bataillons de la garde nationale se réunirent ; je dis une partie, parce que, bien qu'on eût sonné le tocsin dans le Xe arrondissement et battu le rappel de toutes parts, les gardes nationaux vinrent en très-petit nombre.

Je me rappelle que M. Dubail, maire du 10e arrondissement, me disait cette nuit-là même : « On sonne le tocsin, mais vous pouvez être sans grande inquiétude, il n'est venu que deux ou trois cents gardes nationaux. » Les Prussiens n'entrèrent pas cette nuit-là ; je crois que ce fut un grand bonheur : s'ils étaient entrés, nous aurions pu assister à d'horribles scènes ; car s'il n'y avait pas un grand nombre de bataillons sur pied, des milliers d'hommes sans armes, de femmes et d'enfants, les suivaient affolés, tandis que, lors de l'entrée de l'armée allemande, deux jours plus tard, le 1er mars, tout se passa à l'honneur de la population parisienne, qui garda une attitude admirable et qui laissa les Prussiens dans un isolement complet ; si bien qu'ils emportèrent de cette aventure un sentiment profond d'humiliation et de ressentiment.

Mais le mouvement insurrectionnel avait pris sa forme, à savoir la reconstitution de la garde nationale sous d'autres chefs, et la garde nationale mettant la main sur les canons; et alors le Comité central, qui, pour être composé d'inconnus, n'en était pas moins guidé par un instinct politique très-habile, vit qu'il y avait là un commencement d'opérations bon à poursuivre, et dans tout Paris les gardes nationaux du Comité central se mirent à recueillir les armes, les munitions et les canons partout où ils purent les prendre.

Le malheur, c'est que, pour résister à cette organisation révolutionnaire de la garde nationale, nous n'avions plus qu'une organisation légale profondément affaiblie par le départ des principaux chefs de bataillon et par l'absence d'un commandant en chef. Et il ne se passait pas de jour où dans notre conseil je n'implorasse la nomination d'un commandant de la garde nationale. Le hasard a fait qu'une dépêche que j'écrivais alors s'est retrouvée; je suis heureux de pouvoir vous la faire connaître, parce qu'elle indique la situation. Cela vous montrera que ce que je vous dis n'est pas une théorie faite après coup, mais une observation très-exacte des faits.

C'était le 4 mars, à la suite de l'occupation prussienne, au moment où les Prussiens venaient d'évacuer Paris. On me demandait de Bordeaux des nouvelles. M. Jules Simon, qui était alors ministre de l'Intérieur, me disait : « Édifiez-nous sur l'état de Paris. »

Alors j'écrivis ceci.

Cette dépêche, je l'ai retrouvée dans un journal de la Commune. L'insurrection avait trouvé au ministère de l'Intérieur un certain nombre de dépêches, et le journal *la Commune* les classait sous ce titre :

« *Le prologue d'un coup d'État.* »

Parmi ces dépêches était celle que je vais vous lire :

Maire de Paris à Jules Simon, à Bordeaux.

4 Mars 1871, 11 heures 50 du matin.

Le péril ici est dans l'anarchie de toutes choses; la tranquillité matérielle est maintenue sans difficulté, grâce à un laisser-aller complet qui est imposé par la nécessité.

La garde nationale n'est plus qu'un immense désordre; elle a, depuis la démission de Clément Thomas et le départ de beaucoup de ses officiers, cessé de former un corps. Les secteurs ont été désorganisés au même moment; tout l'ancien mécanisme s'est trouvé détruit.

Aujourd'hui, une partie des bataillons, la minorité sans doute, obéissent à un comité occulte fort bien organisé, qui, pour le moment, paraît n'avoir d'autre but que de rassembler en les prenant partout, même par force, fusils, canons, munitions.

Belleville et Montmartre sont occupés militairement par la garde nationale, qui obéit au comité, non à ses chefs de bataillons, destitués de fait.

La masse prend plaisir à jouer aux soldats; les meneurs pensent à autre chose. Un bon général de la garde nationale pourrait encore reprendre en main les bons éléments, qui ne manquent pas, mais qui n'ont plus de centre. Je répète cela depuis dix jours au conseil.

(Extrait du journal *la Commune*, du 26 mars 1871.)

M. Jules Ferry. — Cette dépêche précédait de peu l'arrivée du général d'Aurelles de Paladines, qui venait d'être nommé général de la garde nationale. Il fut impuissant à réunir les divers éléments de l'ordre. Il arrivait trop tard.

Cependant beaucoup de tentatives de conciliation furent encore faites. Les maires intervinrent, animés de beaucoup de dévouement et d'un grand désir d'apaiser les esprits. Plusieurs réunions eurent lieu dans ce but au ministère de l'intérieur.

Il y avait quelque chose d'assez bizarre, je dirai presque d'enfantin, dans cette manie des canons.

Beaucoup de gens s'étaient emparés de ces canons, uniquement pour pouvoir dire qu'ils avaient des canons, et sans avoir la pensée de s'en servir même contre les Prussiens, puisque l'armistice venait d'être signé. Ils disaient : « Ces canons sont à nous, nous les avons payés. » Il y avait, en effet, peut-être 260 pièces qui avaient été fondues à l'aide de souscriptions.

Quoi qu'il en soit, il avait d'abord paru possible d'arriver à reprendre ces canons par voie de conciliation.

Les maires des 14e, 15e, 17e et 18e arrondissements, en un mot, les maires de tous les arrondissements excentriques, s'y étaient employés.

Nous eûmes à ce sujet beaucoup de conférences au ministère de l'intérieur. Les maires nous disaient : « Attendez encore, ayez patience, on a promis de les rendre, c'est pour demain. » Il y avait en effet des gens qui promettaient de les rendre et qui n'avaient réellement pas de mauvaises intentions.

Il y en avait d'autres qui suivaient un plan parfaitement arrêté et résolu.

Quant à moi, après tant de tentatives infructueuses, je demeurai convaincu, — et c'est encore ma conviction aujourd'hui, — qu'on ne nous rendrait jamais les canons de bonne volonté. Il y avait un parti pris évident de ne pas les rendre.

Ici se place un incident malheureux qui a précédé de vingt-quatre heures, à peine, le 18 mars. Il existait à la place Royale un parc d'artillerie de quatre-vingts canons. On avait obtenu de l'officier qui les gardait qu'il les restituerait à l'autorité légitime, c'est-à-dire au commandant de la place, le général Vinoy.

Toutes les dispositions furent prises en conséquence, et l'on vint la nuit, à une heure convenue, réclamer les canons. L'officier de service, qui appartenait à un bon bataillon, répondit : « Je veux bien livrer les canons; mais comme je ne vous connais pas, je ne le ferai que si vous avez un ordre écrit. » — Malheureusement l'officier d'artillerie qu'on avait envoyé n'avait pas d'ordre écrit.

Il retourna au quartier général pour en chercher un. Mais pendant ce temps-là la chose s'ébruita; le bataillon de la place Royale fut relevé, et quand on revint, on se trouva en face de gens hostiles qui, craignant un coup de main sur la place Royale, transportèrent tous les canons au faubourg Saint-Antoine, dans un autre parc d'artillerie, situé rue Basfroi.

La mèche était éventée; la défiance était devenue générale; si bien que, lorsqu'à la réunion du Gouvernement, la question nous fut posée par le chef du pouvoir exécutif, je n'hésitai pas à me prononcer pour une intervention matérielle et à dire que, puisqu'on n'avait pas voulu rendre les canons volontairement, il fallait les prendre de force.

J'exprimai l'avis qu'il ne serait pas très-difficile, par une opération militaire bien conduite, par un coup de main exécuté la nuit de grand matin, d'occuper les buttes Chaumont et surtout la butte Montmartre, où les canons se trouvaient entassés de telle sorte qu'il serait impossible de s'en servir contre la troupe qui gravirait la butte pour s'en emparer.

Cette opinion fut aussi celle du conseil, et le 18 mars, suivant les dispositions prises par le général Vinoy, de grand matin, les troupes gravirent les hauteurs des buttes Chaumont et des buttes Montmartre, sans aucune espèce de difficulté, mirent la main sur les canons, firent prisonniers les petits groupes de gardes nationaux qui se trouvaient là et nous fûmes tout à fait maîtres du mouvement à cette première heure.

Ici se place la question de savoir comment ce premier succès a pu aboutir au formidable échec de la journée.

Est-ce, comme on l'a dit, parce qu'on a perdu du temps ou parce qu'en réalité on n'a pas pu enlever les canons? Il est certain que ce n'est que vers dix heures qu'arrivèrent les prolonges d'artillerie nécessaires à l'enlèvement des canons, et qu'à cette heure déjà les choses avaient changé de face et le mouvement avait pris le dessus.

Dans cette journée, j'ai échangé de nombreuses

dépêches avec le chef du pouvoir exécutif, avec le commandant supérieur et avec le préfet de police.

Comme je ne voulais pas laisser entre les mains des insurgés ces dépêches qui auraient pu les éclairer sur nos projets, et surtout sur l'état moral de nos troupes, je les ai emportées avec moi, le 18 mars au soir, lorsque je fus obligé de quitter l'Hôtel de Ville.

Je suis heureux de les avoir aujourd'hui, et, si vous le permettez, je vais vous les lire, parce qu'elles vous donneront le tableau exact, minute par minute, de cette malheureuse journée, depuis sept heures du matin jusqu'à onze heures du soir.

La première dépêche est de 6 h. 25 m., 18 mars 1871.

Maire de Paris à préfet de police.

Savez-vous quelque chose? J'ai mission de télégraphier ce qui se passe.

Signé : JULES FERRY.

M. Thiers m'avait dit en effet de lui télégraphier ce qui se passerait dès le matin.

Le préfet de police me répond :

18 mars 1871, 6 h. 50 du matin.

Renseignements assez rares à cause des difficultés de passage pour nos agents. — Les buttes Chaumont ont été occupées par les troupes sans résistance sérieuse. Je vous télégraphierai ce que je saurai.

A sept heures du matin, je fais connaître ces résultats au chef du pouvoir exécutif par la dépêche suivante :

18 mars 1871.

Maire de Paris à chef du pouvoir exécutif à Versailles, et à affaires étrangères à Paris.

Il est sept heures. — Buttes Chaumont occupées sans résistance sérieuse. — Nous ne savons rien de plus ici ni à la préfecture de police. — Calme absolu. — Pas de rappel de la garde nationale.

Signé : JULES FERRY.

A sept heures vingt minutes, le préfet de police m'envoie la dépêche que voici :

18 mars 1871.

Général Valentin, préfet de police, à général Vinoy, guerre, intérieur, affaires étrangères, garde nationale, maire de Paris.

La batterie du moulin de la Galette vient d'être prise sans coup de fusil. — Les gardes nationaux ont déposé leurs armes.

Signé : VALENTIN.

Le moulin de la Galette, ce sont les buttes Montmartre.

A huit heures trente-deux minutes, nouvelle dépêche du préfet de police :

18 mars 1871.

Général Valentin à affaires étrangères, intérieur, guerre, général en chef de la garde nationale de Paris.

L'ensemble des rapports satisfaisant jusqu'à présent. — Il y aurait des préparatifs de résistance à la salle de la Marseillaise avec des barricades. — Montmartre paraît être occupé après un faible engagement. Belleville aussi, pour la plus grande partie, avec certains points résistants.

Demande générale du désarmement des quartiers insurgés.

18 mars 1871, 9 h. 10 m.

Préfet de police à affaires étrangères, intérieur, guerre, général en chef de la garde nationale, maire de Paris.

Les drapeaux rouges de la place de la Bastille sont abattus.

Il y avait, en effet, des drapeaux rouges qui flottaient depuis longtemps sur la colonne ; un marin les avait enlevés.

A ce moment nous entendîmes une forte canonnade. Je fis prendre des informations, et, pensant qu'on pouvait être inquiet de cette canonnade, je traduisis les informations que je venais de recueillir dans la dépêche suivante :

18 mars 1871.

Maire de Paris à préfet de police, guerre, affaires étrangères, intérieur, garde nationale.

Le canon que vous avez entendu ce matin et il y a une heure est celui des Gobelins. — Les gardes nationaux du prétendu général Duval ont tiré à blanc, mais ils ont des munitions.

Une quinzaine de pièces sont disposées autour de la mairie du 13e, dans la direction des avenues. — Le général Duval recrute les gamins du quartier, leur donne des pioches pour construire des tranchées.

Le quartier, à peu près dépourvu de troupes, appartient absolument au comité central et Duval y règne en maître. — Trois gendarmes envoyés en ordonnance sont captifs dans la cour de la mairie.

Signé : JULES FERRY.

A dix heures du matin, j'envoie une nouvelle dépêche :

18 mars 1871.

Maire de Paris à garde nationale, place Vendôme.

Le maire du 13e arrondissement vient d'arriver ; il demande où il peut s'adresser pour avoir un piquet et quel est le nouveau secteur; répondez-moi de suite.— D'après le maire, les canons sont moins nombreux que ne le portait le précédent rapport. — Pas d'écouvillons, munitions mouillées, rien de sérieux; mais à mon avis il faut veiller et envoyer là un bon piquet.

Signé : JULES FERRY.

(Les choses commencent à se gâter.)

18 mars 1871, 10 h. 20 m.

Général Valentin à général Vinoy, guerre, intérieur, maire de Paris, général garde nationale.

Beaucoup d'effervescence dans le 11e arrondissement. — Des gardes nationaux ont barré la rue de la Roquette par deux barricades, des gardes nationaux descendent vers la Bastille.

Presque en même temps, à dix heures trente-cinq, je télégraphiai ce qui suit d'après mes renseignements :

Maire de Paris à préfet de police, guerre, général Vinoy, affaires étrangères, intérieur.

Les canons enlevés à la place Royale — (ceux dont je parlais tout à l'heure) — ont été conduits rue Basfroi et rue de la Roquette.

On a élevé une barricade dans le faubourg Saint-Antoine, au coin de la rue Saint-Bernard.

Le faubourg est barré à la hauteur du poste Montreuil. — Le régiment qui est sur la place de la Bastille ne paraît pas dans de bonnes dispositions et fraternise beaucoup trop.

Signé : Jules Ferry.

(Le mouvement se dessine dans le sens d'un désastre.)

18 mars 1871, 10 h. 30 m.

Police et chef du pouvoir exécutif, intérieur, guerre, justice, général en chef, commandant de la garde nationale, maire de Paris.

Très-mauvaises nouvelles de Montmartre. Troupe n'a pas voulu agir. Les buttes, les pièces et les prisonniers repris par les insurgés qui ne paraissent pas descendre. Le comité central serait au parc de la rue Basfroi.

Le mouvement très-intense 11e arrondissement et rue de la Roquette.

18 mars 1871, 10 h. 45 m. du matin.

Général Valentin à intérieur, Vinoy, guerre, affaires étrangères, justice, mairie de Paris.

On n'avance pas du côté de la Villette.

Toutes les mauvaises nouvelles de Montmartre confirmées ; les barricades s'élèvent dans Ménilmontant ; au 13e arrondissement, l'usine de M. Say est envahie par le 133e bataillon.

18 mars 1871, 10 h. 55 m. du matin.

Maire de Paris à affaires étrangères, intérieur, préfet de police, général Vinoy, garde nationale.

Mauvaises nouvelles du Luxembourg; les soldats ont été désarmés et fraternisent dans le jardin. On répand méchamment le bruit que Louis Blanc et Gambetta sont arrêtés.

On se demande ce que font les officiers.

Autres nouvelles du boulevard Magenta. — Soldats désarmés par la garde nationale et fraternisent.

18 mars 1871, 11 h. 18 m. du matin.

Police à affaires étrangères, à général Vinoy, intérieur, justice, guerre, mairie de Paris.

Le Luxembourg envahi par la garde nationale qui fraternise avec la troupe.

Signé : VALENTIN.

18 mars 1871, 11 h. 20 m. du matin.

Général Valentin au maire de Paris.

Une colonne se dirige sur l'Hôtel de ville par le boulevard de Strasbourg. Elle est mêlée de ligne.

A ce moment j'avais quitté l'Hôtel de ville. J'étais allé au conseil du Gouvernement aux affaires étrangères, pour prendre des instructions, et mon chef de cabinet, qui était à l'Hôtel de ville, m'écrivit ceci :

18 mars 1871, 11 h. 25 m. du matin.

Chef de cabinet du maire de Paris à M. Jules Ferry, au ministère des affaires étrangères, à préfet de police, intérieur, affaires étrangères, général Vinoy, général d'Aurelles.

Une manifestation d'environ 200 individus très-bruyants, dont moitié environ de soldats de ligne, la crosse en l'air, avec clairons et tambours de la troupe, est arrivée sur la place de l'Hôtel-de-Ville jusqu'à la grille.

Un garde national les harangue. Ils crient : A la Bastille ! à Montmartre ! Vive la République ! et demeurent sur la place. La foule augmente un peu. Un coup de feu a été tiré du quai contre l'Hôtel de ville, nous ne répondons pas. Les troupes se dispersent et se tiennent au coin des rues.

Sur ces entrefaites, j'étais rentré à l'Hôtel de ville où je reçus du préfet de police une dépêche peu intéressante à propos d'un gendarme qui avait été fait prisonnier par les insurgés :

18 mars 1871, 12 h. 5 m. du matin.

Police à la mairie de Paris.

Je connais l'incident ; mais je suis sans nouvelles du gendarme Boisseau. Dès que j'en aurai reçu, je m'empresserai de vous les transmettre.

A une heure, j'envoyais la dépêche suivante :

Mairie de Paris à intérieur, affaires étrangères, général Vinoy, garde nationale.

La proclamation que j'ai emportée du Gouvernement va être affichée. La situation du 11e arrondissement est perdue L'insurrection en est maîtresse. La garde nationale s'est réunie, mais regarde faire les barricades autour de la mairie. Le maire du 14e est absolument captif. L'attitude de la troupe qui revient de la Bastille est lamentable, crosse en l'air et le reste.

Signé : JULES FERRY.

Vient maintenant une dépêche du général qui commandait l'Hôtel de ville au préfet de police. Il lui demande des agents en bourgeois parce qu'on arrêtait les ordonnances :

18 mars 1871, 2 h. 25 m. du soir.

Général Derroja, commandant l'Hôtel de ville, à préfet de police.

Je vous prie de m'envoyer six agents en bourgeois pour porter mes dépêches immédiatement.

Les gendarmes chargés de ce service sont arrêtés. Pouvez-vous me donner des nouvelles de la situation? Nous ne savons rien ici.

18 mars 1871, 2 h. 52 m. du soir.

Général Valentin à général Vinoy, guerre, intérieur, affaires étrangères, garde nationale de Paris.

La barrière d'Enfer est occupée par les insurgés.

Nous rencontrons ici un incident. Voici une dépêche du colonel Vabre, commandant l'Hôtel de ville, adressée au préfet de police.

18 mars 1871, 2 h. 50 m. du soir.

Colonel Vabre à préfet de police.

On nous dit que la caserne Lobau va être évacuée. Qu'y a-t-il de vrai et que doit-on faire ?

En effet, à deux heures et demie, entrait dans mon cabinet un officier de gendarmerie de la caserne Lobau qui me dit : « Je viens de recevoir l'ordre d'évacuer la caserne, je ne comprends pas pourquoi. Si on l'évacue, elle sera prise immédiatement par les insurgés. » — C'est, Messieurs, la caserne qui est la plus rapprochée du quai ; elle commande le petit jardin qui est situé derrière l'Hôtel de ville, et l'abandonner, c'était livrer l'entrée de la mairie de ce côté.

J'envoyai sur-le-champ la dépêche suivante au préfet de police :

18 mars 1871, 2 h. 50 m. du soir.

Mairie de Paris à préfet de police.

On fait évacuer la caserne Lobau. C'est comme si on livrait l'Hôtel de ville. Qui a donné cet ordre ? C'est certainement un malentendu.

Signé : JULES FERRY.

A trois heures j'insiste et je précise :

18 mars 1871, 3 h. du soir.

Mairie de Paris à préfet de police.

Il y a 83 hommes dans la caserne Lobau, 40,000 cartouches impossibles à enlever. La caserne commande le jardin de l'Hôtel de ville. Il vaudrait mieux en renforcer la garnison. Si on l'évacue on la livre à l'insurrection. Je m'oppose à l'exécution de cet ordre évidemment irréfléchi.

Signé : JULES FERRY.

J'adressai en même temps au ministre de l'intérieur et au président du conseil que je croyais encore au ministère des affaires étrangères, mais qui n'y était plus, une dépêche ainsi conçue :

18 mars 1871, 3 h. 15 m. du soir.

Mairie de Paris à intérieur, à président du conseil, à affaires étrangères.

Un ordre général est donné d'évacuer les casernes. On a ainsi livré celle du Prince-Eugène.

Ordre aussi d'évacuer caserne Lobau. Je m'y oppose, c'est livrer l'Hôtel de ville et je ne subirai pas cette extrémité honteuse.

Je vous demande pardon de ces expressions un peu vives; mais, vous le comprenez, la situation elle-même était très-violente.

Vous devez garder l'Hôtel de ville et ses casernes qui sont une forteresse, ainsi que la préfecture de police. Il semble qu'on perde la tête.

Signé : JULES FERRY.

18 mars 1871, 3 h. 30 m. du soir.

Général Valentin à colonel Vabre, qui commandait l'Hôtel de ville.

Le régiment de ligne qui nous gardait s'est-il replié ? Et qu'avez-vous pour vous garder, abstraction faite de Lobau ?

Je prends la plume et je réponds :

18 mars 1871, 3 h. 35 m. du soir.

Maire de Paris à préfet de police.

Nous gardons naturellement le 110e de ligne, n'ayant point l'intention de livrer l'Hôtel de ville. Quant aux 83 gendarmes de Lobau, ils ne peuvent vous être nécessaires et ils valent mieux que 500 soldats. Il faut absolument nous les laisser.

Signé : JULES FERRY.

Voici la réponse du général Valentin :

18 mars 1871, 3 h. 54 m. du soir.

Général Valentin à mairie de Paris.

Gardez la garde républicaine de Lobau. Ce n'est que dans le cas où la troupe de ligne se replierait qu'il y aurait lieu d'évacuer la caserne.

A 4 heures 20, je reçus du général en chef la dépêche suivante qui m'enchanta parce qu'elle me donnait raison :

18 mars 1871, 4 h. 20 m. du soir.

Général en chef à préfet de police et mairie de Paris.

Qui donc a donné l'ordre d'évacuer casernes Lobau et Napoléon?

Ce n'est pas moi, je suis disposé à les faire renforcer.

Je répondis :

18 mars 1871, 4 h. 50 m. du soir.

Mairie de Paris à général Vinoy et à intérieur.

L'ordre d'évacuer était signé par le colonel de la garde républicaine. — Le général Valentin parlait de faire replier le 110e, qui est dans la caserne Napoléon. J'ai refusé formellement de laisser faire, sans quoi non-seulement Lobau mais Napoléon seraient livrées ; à cette heure Napoléon aurait besoin d'être renforcée, non comme nombre, mais comme esprit.

Signé : JULES FERRY.

Vient maintenant une dépêche circulaire du général Valentin au Gouvernement :

Circulaire de Paris.

18 mars 1871, 5 h. 20 m. du soir.

Général Valentin à général Vinoy, général Le Flô, général Paladines, président du gouvernement, affaires étrangères, intérieur, justice et maire de Paris.

Les casernes du Château-d'Eau et du faubourg du Temple ont été envahies sans résistance de la part des soldats qui ont livré leurs armes, et se répandent dans les rues en criant : Vive la République ! — Celle du Château-d'Eau est occupée par le 107e bataillon. Les armes paraissent servir à armer des mobiles et des soldats libérés.

On parle de projets d'attaque contre la préfecture de police, la Ville et la place Vendôme.

18 mars 1871, 5 h. 45 m. du soir.

Général Valentin à généraux Vinoy, Le Flô, Paladines, président du Gouvernement, affaires étrangères, intérieur, justice et maire de Paris. (Circulaire.)

Les 82e et 131e bataillons semblent se diriger sur la préfecture avec des intentions hostiles. Je prends des préparatifs de défense ; on fait des barricades autour de Mazas.

18 mars 1871, 6 h. 20 m. du soir.

Général Valentin à généraux Vinoy, Le Flô, Paladines, président du Gouvernement, affaires étrangères, intérieur, justice et maire de Paris. (Circulaire.)

Le 194e cerne l'Hôtel de ville. Lobau a été renforcée d'une compagnie.

Vingt minutes avant, en effet, j'avais télégraphié ceci au Gouvernement :

18 mars 1871, 6 h. du soir.

Maire de Paris à intérieur, à garde nationale, à affaires étrangères.

La place de l'Hôtel-de-Ville est occupée par des bataillons hostiles, nous sommes cernés.

Signé : Jules Ferry

18 mars 1871, 6 h. 15 m. du soir.

Maire de Paris à préfet de police, à général Vinoy.

Les bataillons qui occupent la place sont peu nombreux; que les casernes tiennent bon; seulement la caserne Napoléon est attaquée par derrière.

Il y avait eu, en effet, une petite tentative qui n'a pas réussi.

Maire de Paris à préfet de Police, intérieur, président du Gouvernement, garde nationale, général Vinoy.

Le bataillon qui cernait l'Hôtel de ville, après avoir chargé ses armes et stationné quelque temps, se retire en criant. La caserne est en parfait état.

L'attaque avait été repoussée.

Voici maintenant la dépêche qui tomba sur nous comme un coup de foudre :

18 mars 1871, 6 h. 10 m. du soir.

Préfet de police à général Vinoy, guerre, président du pouvoir exécutif, intérieur, justice, affaires étrangères, maire de Paris.

Un sergent-major vient de me dire que les généraux Lecomte et Clément Thomas avaient été fusillés après jugement d'une cour martiale. Il avait vu les cadavres.

Signé : VALENTIN.

18 mars 1871, 6 h. 55 m. du soir.

Maire de Paris à préfet de police, général Vinoy, général Le Flô, intérieur, président du Gouvernement.

On construit des barricades au pont Louis-Philippe, rue Bourtibourg; on va évidemment en faire dans toutes les petites rues intermédiaires; le but est d'isoler l'Hôtel de ville.

J'attire votre attention sur l'importance de bien garder le nouvel Hôtel-Dieu et le pont d'Arcole; du pont d'Arcole, avec une mitrailleuse, on pourrait balayer la place si cela devenait nécessaire.

Vous le voyez, la situation est bien claire. Je vous dirai qu'un peu avant, prévoyant un siége, j'avais envoyé des voitures avec des employés à la manutention. Ils étaient revenus avec du pain et des liquides, et nous avions de quoi nourrir le 110e régiment pendant 48 heures au moins.

M. LE MARQUIS DE MORNAY. — A quelle heure aviez-vous envoyé ces voitures?

M. JULES FERRY. — Entre 4 et 5 heures.

M. LE MARQUIS DE MORNAY. — Vous n'étiez pas encore cernés?

M. JULES FERRY. — Non, mais je prévoyais que je pourrais l'être, et la prudence me commandait de prendre des précautions.

Un membre. Je croyais qu'à ce moment-là l'Hôtel de ville était cerné.

M. Jules Ferry. — Non, jamais la place n'a été cernée. Les employés que j'avais envoyés à la manutention entre 4 et 5 heures en sont revenus vers 7 heures.

Me voici arrivé au dernier incident de la journée. Je tiens particulièrement à m'en expliquer, à raison de l'immense responsabilité qui pesait sur moi comme maire de Paris.

Je ne prétends nullement qu'on ait eu tort de faire évacuer l'Hôtel de ville et les casernes. Il s'agit là, en effet, d'un acte militaire qui engage uniquement la responsabilité du chef supérieur, et que je n'entends pas discuter.

Quant à moi, je tiens seulement à montrer que je n'ai quitté mon poste que lorsqu'il a été absolument impossible d'y rester.

Vous venez de voir que j'avais lutté dans la journée contre l'évacuation de la caserne Lobau.

Vous vous rappelez que le général Vinoy m'avait télégraphié, à 4 heures 20 m., qu'il n'avait pas donné l'ordre d'évacuation et qu'il était d'avis de fortifier les casernes au lieu de les évacuer; eh bien! — et ceci vous montre avec quelle rapidité les événements se précipitaient — à sept heures, j'apprends que le général Derroja, qui commandait en chef depuis le matin l'Hôtel de ville et les casernes, avait reçu du général Vinoy l'ordre écrit d'évacuer immédiatement les casernes. Je cours au général qui était dans un cabinet voisin du mien, et je lui dis : « Comment se fait-il que vous receviez des ordres sans que j'en sois avisé? » Il me répond : « Voici l'ordre; je ne sais pas plus que vous ce qui se passe. » Or, l'ordre était sur un papier assez sale et de mauvaise apparence, je pensai que c'était peut-être un faux ordre, et je demandai qu'il fût vérifié.

J'écrivis en conséquence au ministre de l'intérieur, au président du gouvernement, au général Vinoy, la dépêche que voici :

18 mars 1871, 7 h. 15 m. du soir.

Maire de Paris à intérieur, président du Gouvernement, général Vinoy.

Le général Derroja me communique un ordre daté de 6 heures, ordonnant l'évacuation de la caserne Napoléon et de l'Hôtel de ville et signé : Vinoy. — Cet ordre est contraire à une dépêche du général Vinoy toute récente qui se plaignait de l'ordre d'évacuation précédemment reçu. Je prie le ministre de l'Intérieur et le président du gouvernement de me confirmer cet ordre par dépêche.

L'Hôtel de ville n'aura plus un défenseur; entend-on le livrer aux insurgés, quand, pourvu d'hommes et de vivres, il peut résister indéfiniment? Avant d'évacuer, j'attends ordre télégraphique.

Signé : JULES FERRY.

Comme la réponse ne venait pas, je télégraphiai de nouveau au ministère de l'intérieur :

18 mars 1871, 7 h. 40 m. du soir.

Maire de Paris à intérieur.

Je réitère ma question au sujet de l'ordre d'évacuation. Allons-nous livrer les caisses et les archives? car l'Hôtel de ville, si l'ordre d'évacuer est maintenu, sera mis au pillage. J'exige un ordre positif pour commettre une telle désertion et un tel acte de folie.

A 7 heures 40 m., je reçus de M. Picard, ministre de l'intérieur, la réponse suivante :

Intérieur à maire de Paris.

Suspendez l'évacuation. Je vais vérifier l'ordre et le discuter avec le général.

Signé : ERNEST PICARD.

Vous voyez que le ministre de l'intérieur ne connaissait pas plus que moi l'ordre d'évacuation, puisqu'il se rendait à l'état-major pour le discuter avec le général Vinoy.

J'eus quelque peine à obtenir du général Derroja un sursis à l'exécution de cet ordre qui était extrêmement pressant et qui le préoccupait beaucoup. Il sentait sa responsabilité compromise et il ne voulait pas attendre la réponse. Je lui dis : « Si vous n'attendez pas la réponse, je reste ici. Il y a là le 101e bataillon qui n'attend que votre départ pour entrer, et je vous rends responsable des conséquences. »

Il consentit à me laisser télégraphier et à attendre la réponse, c'est-à-dire la dernière dépêche que je viens de vous lire. Le général Derroja n'en fut pas satisfait. Il voulait une dépêche directe du ministre de l'intérieur.

Je télégraphiai alors au ministre de l'intérieur :

18 mars 1871, 8 h. du soir.

Maire à intérieur.

Malgré la communication précédente au général qui commande ici, ce dernier veut évacuer immédiatement. Prière de lui envoyer un ordre formel d'attendre la réponse du général Vinoy.

L'ordre formel arriva à 8 h. 12 minutes.

18 mars 1871, 8 h. 12 m. du soir.

Intérieur à maire de Paris et général commandant la caserne Lobau.

Sous votre responsabilité personnelle, ordre formel de ne pas évacuer ; attendre communication du général Vinoy qui est prévenu.

Signé : ERNEST PICARD.

Pour mieux assurer la vérification de l'ordre, j'avais, d'accord avec le général Derroja, envoyé un de ses officiers au quartier général du Louvre.

Le général Vinoy était absent. L'officier ne rencontra que son chef d'état-major, M. Filippi, qui, instruit de la situation, répondit par un petit mot au crayon : « Il me paraît convenable de se conformer aux ordres de M. le ministre de l'intérieur, c'est-à-dire de suspendre l'évacuation. » J'étais encore une fois triomphant, puisque j'étais résolu à rester à l'Hôtel de ville.

M. Derroja ne se tint pas pour battu et envoya un second officier au général Vinoy, à l'École militaire, pour avoir des éclaircissements.

Pendant ce temps, je télégraphiais au ministre de l'intérieur, à 8 h. 25 du soir, la dépêche suivante :

18 mars 1871.

Maire de Paris à ministre de l'intérieur.

Avec cinq cents hommes, je suis certain de tenir indéfiniment dans l'Hôtel de ville. L'évacuation de la préfecture de police est insensée. Les barricades qui se font tout autour d'ici ne sont pas sérieuses.

Nous avions pu, en effet, faire constater par nos gens que c'étaient des barricades tout à fait improvisées.

Sur ces entrefaites revint l'officier qui s'était rendu auprès du général Vinoy. Il rapportait l'ordre écrit et formel de tout évacuer.

Je tentai un dernier effort et j'écrivis au ministre de l'intérieur :

18 mars 1871, 9 h. 30 m. du soir.

Maire de Paris à intérieur.

Je reçois l'ordre du général Vinoy d'évacuer l'Hôtel de ville. Pouvez-vous m'envoyer des forces. Répondez immédiatement.

Vingt minutes après il me répond :

18 mars 1871, 9 h. 50 m. du soir.

Intérieur à maire de Paris.

Votre dépêche a été transmise au Gouvernement avee invitation de vous répondre directement et immédiatement; ne puis prendre sur moi de donner ordre de désobéir à Vinoy.

Mais comme aucune nouvelle n'arrivait, le général Derroja me dit : « C'est tout ce que je puis faire. J'ai épuisé les dernières limites de mon droit. Je vais faire évacuer l'Hôtel de ville. »

A 9 h. 55 m., je télégraphiai une dernière dépêche au ministre de l'intérieur :

18 mars 1871, 9 h. 55 m. du soir.

Maire de Paris à intérieur.

Les troupes ont évacué l'Hôtel de ville. Tous les gens de service sont partis. Je sors le dernier. Les insurgés ont fait une barricade derrière l'Hôtel de ville, et arrivent en même temps sur la place en tirant des coups de feu.

Signé : JULES FERRY.

C'est ainsi que l'Hôtel de ville se trouva occupé par l'insurrection une demi-heure après. Les insurgés eux-mêmes ignoraient ce qui se passait dans l'intérieur de l'édifice. Ils furent assez surpris, m'a-t-on dit, de trouver les portes ouvertes.

Pour achever l'histoire du 18 mars et de mon rôle dans cette journée, je vous dirai qu'ayant quitté l'Hôtel de ville à 10 heures du soir, je me rendis à la mairie du 1er arrondissement, c'est-à-dire à la mairie du Louvre.

Je trouvai là le maire, M. Adam, M. Méline, adjoint, auxquels je fis part de la situation. Je leur demandai s'ils voyaient quelque chose à faire. Ils firent venir immédiatement les chefs de bataillons du quartier qui étaient connus pour les plus vaillants et les plus sûrs, tels que le colonel Mosneron-Dupin, le commandant Barré et d'autres, tous ceux en un mot qui avaient montré le plus de bravoure et d'attachement à l'ordre depuis six mois. Ils nous dirent . « Il n'y a rien à faire avec la garde nationale. Nous avons fait battre le rappel toute la journée; il est venu quatorze hommes par bataillon. (Mouvement.) Ces hommes avaient formé un petit groupe, mais ils sont allés se coucher. Nous ne vous conseillons pas de tenter de les réveiller. »

Alors je fis venir les maires de Paris. Au moment où je quittai l'Hôtel de ville, j'avais été avisé qu'ils étaient réunis à la mairie du 3e arrondissement.

M. VACHEROT. — A quelle heure?

M. JULES FERRY. — C'était le 18 mars, dans la soirée.

M. VACHEROT. — J'ai été convoqué pour une réunion. Je m'y suis rendu. Mais il n'y a pas eu de réunion parce qu'on est venu les uns après les autres.

M. JULES FERRY. — J'envoyai un billet aux maires pour les mettre au courant de la situation. Je leur disais : « On a retiré les troupes de l'Hôtel de ville, je l'abandonne : peut-être pourrez-vous tenter quelque chose dans l'intérêt des archives de la Ville et de ses caisses. Essayez et montrez-vous. »

Une heure après, ils arrivèrent presque tous à la mairie du 1er arrondissement. Ils parurent aussi embarrassés que les chefs de bataillon de la garde nationale. Ils convinrent cependant de garder le 2e arron-

dissement et de prendre des mesures pour la résistance, lorsque tout d'un coup un grand bruit se fit entendre au dehors.

M. Vacherot. Je n'étais pas à cette réunion.

M. Jules Ferry.—La foule criait : « Mort à Ferry ! Il nous faut Ferry ! » — C'est alors que ces messieurs me dirent : « Ne sortez pas, attendu que l'on fouille tout le monde et qu'on demande les noms. Nous allons vous faire passer par l'église Saint-Germain-l'Auxerrois. »

J'entrai en effet dans le presbytère qui communiquait avec la mairie et je pus m'en aller, pendant que la foule rassemblée devant la porte de la mairie continuait à proférer des cris de mort contre moi (1).

Je couchai à Paris chez un de mes amis, et je me rendis le lendemain matin à Versailles.

Ici s'arrête ce que je sais et ce que j'ai à vous dire sur la journée du 18 mars.

Si maintenant vous aviez, sur des points déterminés, des questions à m'adresser, je m'efforcerais d'y répondre.

M. Delpit. — Pourriez-vous insister plus que vous ne l'avez fait sur les relations qui ont existé entre le gouvernement et le comité formé à Montmartre, depuis le moment où les canons ont été en-

(1) Voir note 1 : Extrait de la déposition de M. Tirard.

dissement et de prendre des mesures pour la résistance, lorsque tout d'un coup un grand bruit se fit entendre au dehors.

M. Vacherot. Je n'étais pas à cette réunion.

M. Jules Ferry. — La foule criait : « Mort à Ferry ! Il nous faut Ferry ! » — C'est alors que ces messieurs me dirent : « Ne sortez pas, attendu que l'on fouille tout le monde et qu'on demande les noms. Nous allons vous faire passer par l'église Saint-Germain-l'Auxerrois. »

J'entrai en effet dans le presbytère qui communiquait avec la mairie et je pus m'en aller, pendant que la foule rassemblée devant la porte de la mairie continuait à proférer des cris de mort contre moi (1).

Je couchai à Paris chez un de mes amis, et je me rendis le lendemain matin à Versailles.

Ici s'arrête ce que je sais et ce que j'ai à vous dire sur la journée du 18 mars.

Si maintenant vous aviez, sur des points déterminés, des questions à m'adresser, je m'efforcerais d'y répondre.

M. Delpit. — Pourriez-vous insister plus que vous ne l'avez fait sur les relations qui ont existé entre le gouvernement et le comité formé à Montmartre, depuis le moment où les canons ont été en-

(1) Voir note 1 : Extrait de la déposition de M. Tirard.

dissement et de prendre des mesures pour la résistance, lorsque tout d'un coup un grand bruit se fit entendre au dehors.

M. Vacherot. — Je n'étais pas à cette réunion.

M. Jules Ferry. — La foule criait : « Mort à Ferry ! Il nous faut Ferry ! » — C'est alors que ces messieurs me dirent : « Ne sortez pas, attendu que l'on fouille tout le monde et qu'on demande les noms. Nous allons vous faire passer par l'église Saint-Germain-l'Auxerrois. »

J'entrai en effet dans le presbytère qui communiquait avec la mairie et je pus m'en aller, pendant que la foule rassemblée devant la porte de la mairie continuait à proférer des cris de mort contre moi (1).

Je couchai à Paris chez un de mes amis, et je me rendis le lendemain matin à Versailles.

Ici s'arrête ce que je sais et ce que j'ai à vous dire sur la journée du 18 mars.

Si maintenant vous aviez, sur des points déterminés, des questions à m'adresser, je m'efforcerais d'y répondre.

M. Delpit. — Pourriez-vous insister plus que vous ne l'avez fait sur les relations qui ont existé entre le gouvernement et le comité formé à Montmartre, depuis le moment où les canons ont été en-

(1) Voir note 1 : Extrait de la déposition de M. Tirard.

levés lors de l'entrée des Prussiens jusqu'au moment de l'insurrection. Il y a dû avoir dans cet intervalle, entre les chefs du comité et le gouvernement, des négociations sur lesquelles je désirerais être édifié.

M. Jules Ferry. — Il n'y a pas eu de négociations entre le gouvernement et les chefs du comité.

M. Delpit. — Je vous demande pardon des expressions dont je me suis servi. Croyez bien que je n'y attache pas d'importance et que je n'ai eu aucune intention de vous blesser.

M. Jules Ferry. — Je ne m'en blesse nullement. Je suis même très-content que votre question me donne l'occasion de m'expliquer sur ce point.

Il y a eu, il est vrai, des négociations et des allées et venues nombreuses entre le gouvernement et M. Clémenceau, maire du 18e arrondissement, qui se vantait d'avoir sur ce quartier une grande influence. M. Clémenceau nous a dit dix fois de suite : « Prenez patience ; on va rendre les canons, j'en ai la promesse, c'est pour demain. »

M. Clémenceau nous répétait souvent qu'il n'y avait qu'un malentendu, que si le gouvernement faisait une proclamation affirmant la République, l'insurrection se dissiperait comme par enchantement.

Voilà tout ce qu'il y a eu. Quant à des négociations quelconques entre le gouvernement et le comité, il n'en a jamais existé.

M. Delpit. — Y a-t-il d'autres maires qui soient intervenus?

M. Jules Ferry. — Il n'y a en pas eu d'autres. Les canons étaient aussi aux buttes Chaumont, mais le 20e arrondissement était régi par une commission administrative dont les membres ne s'occupaient pas de politique. On comprend sans peine qu'ils n'auraient eu aucun crédit.

M. le Président. — M. Schœlcher a annoncé qu'il aurait des renseignements à donner sur la question posée par M. Delpit, au sujet de la reddition des canons.

Un membre : Je voudrais demander à M. Jules Ferry s'il peut nous donner des renseignements sur un fait qui s'est passé pendant le siége.

Les bataillons de Belleville et de Montmartre auraient, dit-on, été armés avec des fusils perfectionnés, alors que les bataillons dévoués à l'ordre n'avaient que de vieux fusils. On dit même que dans le cours du siége un certain nombre de bataillons dévoués à l'ordre auraient dû échanger les fusils perfectionnés dont ils étaient pourvus, pour les remettre aux bataillons de Montmartre et de Belleville, lesquels leur auraient donné à la place de vieux fusils.

M. Jules Ferry. — Il m'est d'autant plus facile de vous répondre que je suis parfaitement au courant des faits auxquels vous venez de faire allusion.

Pour ce qui est de l'échange général des armes perfectionnées contre des armes inférieures, il a eu lieu dans toute la garde nationale de Paris au moment de la formation des bataillons de marche. Comme on armait une portion des bataillons pour la guerre offensive, c'était l'essence même de la combinaison de donner aux hommes qui devaient quitter l'enceinte, et qui allaient se trouver aux prises avec l'ennemi, les meilleures armes.

Il avait donc été entendu que les gardes nationaux sédentaires livreraient, dans la proportion qui serait nécessaire, les bonnes armes dont ils étaient pourvus, et qu'ils se contenteraient de fusils à percussion.

Le fait qui se serait passé à Belleville est tout différent; c'est celui auquel M. le général Trochu a fait allusion dans son discours. A la fin de septembre ou au commencement d'octobre, nous fûmes fort surpris de trouver des armes perfectionnées entre les mains des bataillons de Belleville. Nous allâmes aux renseignements et nous apprîmes que c'était Flourens qui avait acheté et payé ces armes, parmi lesquelles il y avait des chassepots. Il les avait données à ses hommes et il en avait formé un corps de tirailleurs qui n'était, en somme, qu'un des bataillons de marche de la garde nationale et qu'on appelait les tirailleurs de Belleville.

Je crois qu'il ne faut pas confondre ces deux faits.

Ainsi, il n'a jamais été fait d'échange pour donner des armes perfectionnées aux mauvais bataillons et pour laisser les mauvaises aux bataillons de l'ordre. Il n'y a pas eu autre chose que ce que je viens de dire lors de la formation des bataillons de marche. Mais il y avait eu antérieurement, pendant le siége, une certaine quantité de chassepots qu'on a, je crois, fort exagérée, qui ne s'élevait pas, selon moi, au delà de quelques milliers d'armes achetées et dont se trouvaient détenteurs les tirailleurs de Belleville sous le commandement de Flourens.

M. LE MARQUIS DE QUINSONAS. — Est-ce qu'on trouvait à acheter des armes dans Paris?

M. JULES FERRY. — Ces achats peuvent avoir été faits antérieurement au 4 septembre.

M. LE MARQUIS DE QUINSONAS. — M. le général Trochu, dans son discours, a fait observer que les émeutiers du 31 octobre étaient armés non pas de chassepots, mais de fusils Springfield et Spencer. D'où pouvaient provenir ces armes?

M. JULES FERRY. — Il y avait des Remington dans Paris.

M. LE MARQUIS DE QUINSONAS. — Ce n'étaient pas des Remington, c'étaient des sprinfields et des spencers, c'est-à-dire des armes tout à fait spéciales.

M. JULES FERRY. — Je me rappelle parfaitement que les tirailleurs qui nous ont cernés le 31 octobre étaient pourvus de très-bonnes armes. Mais je ne crois pas néanmoins que le nombre de ces armes fût considérable. Si l'on retrouvait l'état des bataillons de la garde nationale dressé par l'état-major, on saurait le nombre de sniders, de remingtons ou de chassepots qui ont été distribués.

Il y avait des armes dans Paris; et d'ailleurs on en avait fait venir en vue du siége, dans l'intervalle qui s'est écoulé entre le 4 septembre et l'investissement. Mais, je le répète, je crois qu'il n'y a eu qu'un petit nombre d'armes de choix aux mains des gens de Belleville.

M. le Président. — Il y a un fait qu'on vous a reproché.

On a dit que vous aviez manifesté beaucoup d'indulgence pour la garde nationale de Belleville, que vous l'aviez armée de chassepots, que vous lui aviez donné un drapeau et que vous l'aviez passée en revue. Pouvez-vous donner des explications sur ce point?

M. Jules Ferry. — Le fait n'est pas exact, quant aux armes, je viens de vous l'expliquer; mais je vais vous dire ce qui s'est passé pour le drapeau.

M. le Président. — Je vous pose cette question qui résulte de dépositions antérieures.

M. Jules Ferry. — La mairie de Paris n'a jamais eu dans ses attributions la distribution des armes. Nous n'avons donc pu donner de chassepots à aucun bataillon. La mairie de Paris n'a pas fait autre chose que de distribuer des habillements et elle en a distribué beaucoup. C'était un fait général.

Quant aux fusils, c'étaient l'état-major de la garde nationale et le ministère de la guerre qui les distribuaient. Il n'a donc pu exister, de la part de la mairie de Paris, aucune préférence en ce qui concerne la distribution des armes. C'est une chose matériellement impossible.

Toutes les armes distribuées, sauf celles qui avaient été achetées par Flourens, et qui, je crois, sont peu nombreuses, toutes ces armes, dis-je, sortaient des arsenaux de l'État et avaient été acquises par l'État pendant les derniers jours qui précédèrent le 4 septembre. Le Gouvernement nous a dit en effet, à cette époque, et vous pourrez le voir dans le *Journal officiel* en relisant les discours des ministres, qu'il avait fait venir des armes perfectionnées, il y avait des remingtons, des sniders et d'autres armes encore d'origines anglaise et américaine, dont M. le ministre de la guerre annonçait l'arrivée.

M. LE MARQUIS DE MORNAY. — Des springfields surtout.

M. JULES FERRY. — Je crois que oui.

En ce qui concerne les armes, ma réponse est donc décisive. Jamais la mairie de Paris n'a distribué de fusils.

Quant au drapeau, sa confection remonte à une époque antérieure à mon administration. Car je ne suis devenu maire qu'au mois de novembre, après le plébiscite, lorsque M. Arago eut donné sa démission. Jusque-là j'avais simplement le caractère d'un délégué, je n'avais pas voulu prendre le titre de préfet de la Seine.

J'avais reçu du Gouvernement, le 6 septembre, le titre de délégué près l'administration du département de la Seine.

Je reviens à mes visites à Belleville.

Je suis allé deux fois à Belleville.

Une première fois, le 8 octobre, dans les circonstances suivantes : le 8 octobre, M. Flourens était descendu sur la place de l'Hôtel-de-Ville avec ses bataillons. C'était la première manifestation armée à laquelle il nous fut donné d'assister. Elle avait un caractère plutôt pacifique que menaçant. Je vois encore Flourens faisant ranger ses hommes, ses cantinières, sa musique, et tout le monde l'abordant le képi à la main. C'était une comédie de militarisme tout à fait piquante.

Le Gouvernement avait été prévenu. Le général Trochu et plusieurs de ses collègues attendaient dans la grande salle du Gouvernement.

La visite fut très-respectueuse, car on n'avait pas encore rompu avec nous. Seulement Flourens venait sans ambages demander le commandement de la place de Paris. Il se chargeait de sauver Paris. Le général Trochu lui répondit avec beaucoup de douceur. Les gens qui l'accompagnaient trouvèrent Flourens ridicule et la manifestation échoua : Flourens donna sa démission, tant il était blessé de son insuccès. Ce jour même, je fus accosté à la porte de l'Hôtel de ville, par des officiers des bataillons de Flourens, qui me dirent : « Monsieur Jules Ferry, on nous calomnie, on croit que nous sommes venus pour faire violence au Gouvernement. Nous voulons donner un démenti à ces bruits calomnieux que répandent contre nous les journaux réactionnaires.

« Voulez-vous venir à Belleville?

« Voulez-vous y venir tout de suite? »

Je ne crus pas devoir refuser leur proposition et je me rendis sur le boulevard de Puebla, où se trouvaient réunis cinq ou six bataillons de Belleville.

Je les passai en revue, et c'est à ce sujet que vous avez pu lire dans un journal une lettre de Flourens dans laquelle il dit : « Est-ce que Ferry ne s'est pas permis de passer en revue mes bataillons en bourgeois! »

J'avais parcouru tout le boulevard. J'avais constaté des cris unanimes de « Vive le Gouvernement! » et pas un seul cri de « Vive la Commune! » qui était cependant déjà le cri de ralliement. Je me trompe, ce cri fut proféré une seule fois. Il fut étouffé immédiatement et de la plus rude façon, de la façon dont on exerce le commandement à Belleville.

La seconde fois que je me rendis à Belleville, ce fut pour le drapeau. Ce drapeau avait été demandé à la mairie centrale, sous l'administration de M. Arago, par l'état-major de la garde nationale.

Vous le savez, les situations, en temps de révolution, se dessinent et se déplacent avec une très-grande rapidité.

Dans les premiers temps, à la fin de septembre ou au commencement d'octobre, on pouvait croire que tous les gens plus ou moins exaltés, que les têtes chaudes qui composaient la jeune troupe de Flourens seraient pleins d'ardeur pour la bataille. Le général Trochu avait eu pour Flourens beaucoup d'égards. Celui-ci passait pour un héros ; il avait fait la guerre de Crète.

C'était pour le général un certificat de civisme suffisant, et il avait autorisé Flourens à former le corps des tirailleurs de Belleville.

Flourens avait demandé à être colonel. Il n'y avait que des chefs de bataillon dans la garde nationale. Mais il voulait un titre pour se différencier des autres chefs de bataillon; bref, on l'avait nommé major de rempart. Il en était ravi.

Donc, on avait pensé à l'état-major que si l'on

donnait un drapeau spécial à ce corps qui faisait partie des cadres, mais qui, n'ayant pas de numéro spécial, s'appelait les « tirailleurs de Belleville », on pourrait en tirer quelque chose à l'occasion, et l'on avait fait préparer un drapeau portant ces mots : « Tirailleurs de Belleville. » Ce drapeau n'était nullement, d'ailleurs, un drapeau « d'honneur » comme on l'a dit; chaque bataillon avait son drapeau. L'Hôtel de ville en avait commandé un nombre égal au nombre des bataillons, et le drapeau de Belleville ne différait des autres que par la légende.

Quand il fut question, vers la fin de novembre, du départ des bataillons de Belleville pour les avancées, plusieurs personnes vinrent nous dire :

« Mais on a beaucoup de peine à faire marcher ces bataillons. Ils ont beaucoup de bon vouloir pour venir à l'Hôtel de ville, mais ils ne veulent pas aller aux avancées. »

La veille, précisément, un bataillon de marche, le premier qui partit pour les avancées, était venu à l'Hôtel de ville recevoir son drapeau. On ne pouvait risquer rien de pareil avec la troupe de Flourens.

Mais je pensai qu'en allant passer ces jeunes gens en revue à Belleville et en les haranguant, je pourrais les décider à partir comme il convenait pour les tranchées.

Je dois dire que je fus très-mal reçu. Je m'étais

mépris sur cette population. Je vis là des gens qui ne songeaient qu'à une chose, à m'expliquer pourquoi ils ne voulaient pas partir. Je me félicitai cependant d'être venu; car sans cela ils ne seraient pas partis du tout. Les uns réclamaient leur paye; les autres voulaient que leurs femmes, légitimes ou non, eussent leur pain assuré pendant leur absence.

Je vois encore, au moment où enfin le bataillon se décida à partir sous le commandement de M. Roger du Nord, un jeune homme, que j'avais aperçu dans la nuit du 31 octobre, jeter ses armes et son fourniment en disant : « Je ne puis pas quitter Paris, puisque la réaction en est définitivement maîtresse », et rentrer chez lui.

Voilà cette histoire de Belleville qu'on a beaucoup défigurée et dans laquelle je puis vous affirmer que je n'ai péché que par témérité, attendu que ces gens, qui avaient le souvenir du 31 ct obr e très-présent, étaient particulièrement exaspérés contre moi, et que si je n'avais pas fait bonne contenance, ils m'auraient mis en pièces (1).

Un membre. — Est-ce à ce moment-là qu'on a donné le drapeau d'honneur?

M. Jules Ferry. — Encore une fois, ce n'était pas un drapeau d'honneur. Chaque bataillon de

(1) Voir note 2 : Déposition de M. le colonel Moutaigu.

guerre avait le sien; — et j'oubliais ce détail caractéristique. Savez-vous ce qu'ils en firent? Ils le mirent en morceaux avant d'arriver à la tranchée, disant : « Ce drapeau qu'on nous apporte est destiné à nous dénoncer aux Prussiens; on nous donne un drapeau spécial pour indiquer où sont les Bellevillois et pour que Bismarck nous fasse massacrer. »

Un membre.—La seconde fois que vous avez été à Belleville, c'était pour donner le drapeau?

M. Jules Ferry. — Le bataillon devait partir pour les avancées ; j'avais fait porter, le matin même, à la mairie, le drapeau qui leur était destiné, et je venais là pour les haranguer, pensant les trouver en bonnes dispositions. Au contraire, je vis de suite que ma présence leur était tout à fait désagréable, et que ce drapeau constituait à leurs yeux un danger et un piége.

Un membre.—Ainsi ce drapeau leur a été donné ce jour-là?

M Jules Ferry. — Oui, et il fut mis en pièces une heure après.

Un membre. - Pourriez-vous nous donner des détails sur la mise en liberté des gens qui avaient été arrêtés le 31 octobre?

M. le Président. — Je vous demande la permission de laisser de côté cette question qui regarde la commission du 4 septembre, devant laquelle M. Ferry aura à s'expliquer.

Un membre. — M. le général Trochu a dit qu'il y avait dans les bataillons de la garde nationale 25,000 repris de justice. M. Ferry sait-il si ce renseignement est exact?

M. Jules Ferry. — Je n'en connais pas exactement le chiffre. Mais voici quelle était la situation.

Quand on arma la garde nationale après le 4 septembre, on a réellement donné des armes à tout le monde. La chose s'est faite dans un grand désordre, comme cela devait arriver dans une ville qui sentait l'approche de l'ennemi. Les états réguliers qui existent partout où la garde nationale s'organise n'étaient pas dressés; pour savoir si on donnait une arme à quelqu'un qui avait été condamné ou non, il aurait fallu recourir au casier judiciaire, ce qui n'était pas très-praticable à ce moment-là. On en a bien écarté quelques-uns; mais il est évident qu'il a dû se glisser dans les bataillons plus d'un repris de justice.

Un membre. — Le gouvernement avait rendu un décret qui portait que les faillis non réhabilités ne feraient pas partie de la garde nationale. Je suis étonné qu'on ait pris cette précaution à l'égard des faillis et qu'on n'eût pas pu avoir de renseignements précis sur les repris de justice.

M. le marquis de Mornay. — On avait ouvert les prisons ; ils se sont trouvés libres dans Paris et ils ont pu tout à leur aise entrer dans la garde nationale.

M. Jules Ferry. — Quant aux faillis, il s'agissait uniquement des faillis concordataires. Quant aux prisons ouvertes, c'est imagination pure : les prisons n'ont été ouvertes que pour les condamnés politiques.

M. le comte de Gontaut-Biron. — J'aurais une question à adresser à M. Ferry au sujet du rappel qui a été battu le 18 mars. Vous nous avez dit, et du reste nous le savions d'ailleurs, qu'il avait produit de très-minces résultats, que très-peu de gardes nationaux s'étaient rendus à cet appel. Nous en avons vu un assez grand nombre auxquels nous avons reproché de ne pas être sortis. Ils nous ont répondu : « Mais la générale n'a pas été battue comme à l'ordinaire. Pendant le siége, quand on battait le rappel, on nous indiquait un lieu de rendez vous. Cette fois nous ne savions pas pourquoi on battait le rappel, c'est pourquoi nous ne sommes pas sortis. »

M. Jules Ferry. — Je ne puis vous renseigner là-dessus. Je n'ai jamais fait battre le rappel pour la garde nationale. Comme l'armement, le rappel était une chose absolument militaire, placée sous l'autorité du gouverneur et du commandant en chef.

Aussi, quand les maires d'arrondissement se permettaient de faire battre le rappel, ils étaient semoncés. M. Vacherot est là pour en témoigner, et j'avoue que dans ce cas je leur transmettais la semonce avec une grande satisfaction, sachant que le rappel devait être battu uniquement sur l'ordre du commandant du secteur.

Un membre. — Qui a fait battre le rappel le 18 mars?

M. JULES FERRY. — Il a été battu sur un ordre de l'état-major de la garde nationale.

M. LE PRÉSIDENT. — Nous en parlerons au général d'Aurelles de Paladines.

Un membre.—M. Ferry peut-il nous donner quelques renseignements sur le rôle qu'a pu jouer l'*Internationale* dans la journée du 18 mars?

M. JULES FERRY. — Je ne saurais vous répondre à cet égard.

Un membre. — On nous a dit qu'il y avait eu un grand désordre dans la garde nationale au moment où le général Clément Thomas avait donné sa démission. Sur qui doit tomber la responsabilité de ce désordre?

M. JULES FERRY. — Un peu sur tout le monde.

M. LE PRÉSIDENT. — Sur l'absence du gouvernement : quand il n'y a pas de gouvernement, il n'y a plus de commandement possible.

M. Jules Ferry. — A ce moment, il est parti cinquante ou soixante chefs de bataillon.

Un membre. — C'est un fait des plus importants.

M. le Président. — Quand la garde nationale se désorganise, la responsabilité paraît devoir en retomber sur M. le ministre de l'intérieur.

M. Jules Ferry. — La désorganisation s'est produite par le fait même d'un grand nombre de gardes nationaux qui, voyant le siége levé et la guerre finie, se sont dit : Nous allons retourner chez nous.

M. Louis de Saint-Pierre. — Je demanderai à M. Jules Ferry s'il a partagé dans une certaine mesure ce que j'appellerai les illusions de M. Jules Favre, illusions qui ont fait que, d'après les préliminaires de paix, on a dû désarmer la troupe de ligne et les mobiles qui avaient donné des preuves de leur solidité pendant le siége, tandis qu'on laissait des armes à la garde nationale, dont l'inconsistance avait été signalée à plusieurs reprises.

M. Jules Ferry. — Je suis bien aise de la question que vous m'adressez.

Je crois qu'il y a là-dessus un malentendu dans beaucoup d'esprits. Je sais parfaitement ce qui s'est passé entre M. de Bismarck et M. Jules Favre.

On a dit et redit bien des fois, à la Chambre et dans le public, que M. de Bismarck avait offert de désarmer la garde nationale.

C'est une grande erreur, et quand vous voudrez sur ce point des explications très précises, M. Jules Favre vous les donnera. M. Vacherot a entendu ces explications dans les réunions des maires.

Jamais M. de Bismarck n'a dit qu'il désarmerait la garde nationale. Il a dit : « Messieurs du gouvernement, vous désarmerez la garde nationale. » M. Jules Favre a répondu : « Vous vous trompez si vous croyez que nous puissions la désarmer. Qui la désarmera, en effet? Ce n'est pas la troupe. Ce n'est pas une partie de la garde nationale qui désarmera l'autre. Si vous voulez désarmer la garde nationale, entrez dans Paris si cela vous convient. »

Alors M. de Bismarck, s'échappant par une de ces épigrammes sanglantes dont il avait l'habitude, lui dit : « J'ai un procédé infaillible pour désarmer la garde nationale, c'est de continuer l'investissement : je fermerai toutes les issues, et dans quinze jours ou trois semaines, » — il croyait que nous avions encore pour trois semaines de vivres, alors que nous n'en avions guère que pour quatre ou cinq jours, — « quiconque voudra un morceau de pain m'apportera son fusil aux avant-postes. »

Ces paroles cruelles étaient dignes de l'homme qui les prononçait.

Jamais il n'y a eu autre chose, jamais on ne nous a proposé de désarmer la garde nationale.

Un membre. — Je demande la parole.

M. Jules Ferry. — Si nous avions voulu entreprendre ce désarmement, soyez sûrs que nous aurions sauté en l'air, et que, ce que nous voulions éviter par dessus tout, les Prussiens seraient entrés dans Paris.

Un membre. — M. Jules Favre a dit le contraire à la tribune.

M. Jules Ferry. —Je ne crois pas. Vous le demanderez à M. Jules Favre. Je vous garantis qu'il n'y a eu là qu'un mouvement oratoire, mais sous ce mouvement oratoire restent les faits tels que je vous les ai exposés.

Le même membre.—Les paroles de M. Jules Favre sont devenues de l'histoire, puisqu'elles ont été prononcées à la tribune, et si je me trompe en les rapportant, tous mes honorables collègues vont me le dire.

J'ai compris que M. de Bismarck avait dit à M. Jules Favre : « Nous désarmerons toute l'armée, à savoir : la garnison, la garde mobile et la garde nationale. Mais vous m'indiquerez les bons bataillons et je leur laisserai leurs armes. » — A quoi M. Jules Favre aurait répondu : « La garde nationale de Paris ne contient que des citoyens dignes de conserver leurs armes, et, par conséquent, je n'ai pas à accepter votre proposition. » M. de Bismarck aurait ajouté : « Ah! vous le voulez! Eh bien, soit! »

M. JULES FERRY. — Vos renseignements sur ce point ont besoin d'être complétés; car ce que vous venez de dire n'est pas conforme au récit que M. Jules Favre a fait au gouvernement et à plus de cinquante personnes.

Un membre. — Tout s'explique.

M. JULES FERRY. — M. de Bismarck a dit en effet : « Vous désarmerez les nouveaux bataillons et vous laisserez armés les bons. » Mais M. Jules Favre lui a répondu : « Nous n'avons aucun moyen de désarmer un seul bataillon; nous n'avons pas cette ressource. Vous ne pouvez le faire qu'en entrant dans Paris. » C'est alors que M. de Bismarck répondit qu'il avait un moyen très-facile de désarmer la garde nationale sans entrer dans Paris.

Un membre.—Permettez-moi de vous faire observer qu'un jour M. Jules Favre a dit à la tribune « qu'il était bien tenté de demander pardon à Dieu de n'avoir pas profité de cette offre que lui avait faite M. de Bismarck ». Nous l'avons entendu.

M. LE VICOMTE DE MEAUX. — C'est avec M. Jules Favre qu'il faudrait s'en expliquer.

M. LE PRÉSIDENT. — Tout cela regarde plutôt la Commission du 4 septembre. M. Ferry ne peut pas expliquer les paroles de M. Jules Favre. Du reste,

M. Jules Favre s'expliquera lui-même devant nous.

Le même membre. — C'est M. Ferry qui a rappelé les paroles de M. Jules Favre.

M. le Président. — Je remercie M. Ferry des renseignements qu'il a bien voulu nous communiquer.

(Séance du 23 juin.)

NOTE I

Extrait de la déposition de M. Tirard (*p.* 337).

..... Lorsque nous revînmes du ministère de l'intérieur, je trouvai dans mon cabinet la lettre que voici :

« Messieurs les Maires,

« Le Pouvoir exécutif me retire toutes les forces qui défendaient l'Hôtel de ville.

« Je ne puis le défendre à moi tout seul. — Mais, dans l'intérêt de la caisse, des archives municipales, vous devez intervenir pour régulariser ou atténuer ce qui va se passer.

« *Signé* : Jules Ferry. »

9 heures un quart.

J'appris que l'Hôtel de ville commençait d'être occupé par les gardes nationaux fédérés. M. Ferry s'était réfugié à la mairie du Ier arrondissement; j'y allai avec quelques-uns de nos collègues; mais tout à coup on vint nous annoncer que la mairie était cernée et qu'on cherchait M. Ferry. Notre collègue, M. Méline, adjoint au maire du Ier arrondissement, alla trouver le curé de Saint-Germain-l'Auxerrois, dont le presbytère est contigu à la mairie. Ils ouvrirent une fenêtre par laquelle M. Ferry put s'échapper. On nous demanda qui nous étions; nous répondîmes énergiquement, et on nous laissa retourner sans difficulté à la mairie du IIe arrondissement.

NOTE II

Extrait de la déposition de M. le colonel Montaigu (p. 421).

..... *Un membre.* — N'y a-t-il pas eu un drapeau délivré au bataillon de Flourens.

M. le colonel Montaigu. — Voici les faits : le bataillon de Flourens allait partir pour la tranchée. On avait préparé à l'Hôtel de ville des drapeaux pour tous les bataillons, et j'avais mis dans un ordre du jour que je ne permettrais pas aux bataillons d'emporter leurs drapeaux à la tranchée; je suppliai l'Hôtel de ville, surtout après l'incident auquel vous faites allusion, de n'en pas délivrer, et, en effet, il n'en fut pas délivré.

Sous l'inspiration, je crois, du maire de Belleville, peut-être de sa propre initiative, M. Jules Ferry, qui est un homme d'un grand courage personnel, éprouva le besoin d'aller tâter un peu ces gens de Belleville au moment de leur départ, et, sous prétexte de leur donner un drapeau, il alla les passer en revue et leur remit en effet un drapeau. Voilà toute l'histoire, elle n'a pas d'autre importance.....

478 — Paris, imprimerie Jouaust, 338, rue Saint-Honoré.

www.ingramcontent.com/pod-product-compliance
Ingram Content Group UK Ltd.
Pitfield, Milton Keynes, MK11 3LW, UK
UKHW020319220726
13923UKWH00003B/1238

9 782019 255664